PERDER A UN SER QUERIDO

Caitie McAneney
Traducido por Marcela Brovelli

Nueva York

Published in 2015 by The Rosen Publishing Group, Inc.
29 East 21st Street, New York, NY 10010

First Edition

Editor: Caitie McAneney
Book Design: Mickey Harmon
Spanish Translation: Marcela Brovelli

Photo Credits: Cover (series logo) Alhovik/Shutterstock.com; cover (banner) moham'ed/Shutterstock.com; (father and son) Peter Cade/The Image Bank/Getty Images; back cover, pp. 3, 4, 6, 8, 10, 12, 14, 15, 16, 18, 20, 22–24 (background) Matyas Szabo/Shutterstock.com; p. 5 Image Point Fr/Shutterstock.com; p. 7 RubberBall Productions/Vetta/Getty Images; p. 9 Rob Marmion/Shutterstock.com; p. 10 Olimpik/Shutterstock.com; p. 11 Tom Wang/Shutterstock.com; p. 13 Anton Watman/Shutterstock.com; p. 14 Jacek Chabraszewski/Shutterstock.com; p. 15 Kathleen Finlay/Cultura/Getty Images; p. 17 Gladskikh Tatiana/Shutterstock.com; p. 19 wavebreakmedia/Shutterstock.com; p. 21 Suzanne Tucker/Shutterstock.com; p. 22 gemphoto/Shutterstock.com.

Library of Congress Cataloging-in-Publication Data

McAneney, Caitlin.
  Perder a un ser querido / Caitie McAneney, translated by Marcela Brovelli.
    pages cm. — (Hablemos acerca de...)
  Includes index.
ISBN 978-1-4994-0223-0 (pbk.)
ISBN 978-1-4994-0216-2 (6 pack)
ISBN 978-1-4994-0222-3 (library binding)
1. Loss (Psychology) 2. Death. 3. Grief. I. Title.
  BF575.D35M348 2015
  152.4—dc23

Manufactured in the United States of America

CPSIA Compliance Information: Batch #CW15PK: For Further Information contact Rosen Publishing, New York, New York at 1-800-237-9932

CONTENIDO

MALAS NOTICIAS

En algún momento, todos atravesamos por alguna pérdida. Esta experiencia puede hacerte sentir **confundido**, pero también dolido, triste e incluso enojado. Puede que te ocasione un cambio imprevisto en tu vida.

Hay diferentes clases de pérdidas. A lo mejor tienes que mudarte, lo que significaría un cambio en lo relacionado a tu hogar. Si tus padres se divorciaran, tu vida familiar cambiaría un poco. Una de las peores pérdidas es cuando un ser querido muere. Cuando esto ocurre, es posible que te sientas como si la vida nunca volverá a ser como antes.

Cuando te dan una mala noticia, puede que te resulte difícil aceptarla. Es normal que pienses que en realidad eso no ha sucedido.

¿QUÉ ES EL DOLOR?

El dolor es la manera en que una persona **reacciona** ante una pérdida. Hay muchas formas diferentes de reaccionar. Puede que sientas un dolor en el cuerpo, como por ejemplo, en el estómago. Puede que te sientas distraído o que se te dificulte dormir. Es posible que no se aparte de tu mente el recuerdo de la persona fallecida. Todas pueden ser **emociones** fuertes.

Pasar por el dolor de perder a un ser querido es doloroso pero es un sentimiento normal y a la vez te ayudará a superar esa pérdida. Al principio, el **reto** será aceptar la muerte de esa persona. Después, tendrás que aprender a vivir sin ella.

Cuando una persona muere, la gente va a su **funeral** para despedirse. Es parte del proceso del duelo.

EXPLÍCAME MÁS

Cada persona tiene una forma diferente de expresar su dolor. Algunas se enojan y otras, se entristecen. Algunas personas quieren hablar del tema, mientras que otras prefieren no hacerlo.

7

¿CÓMO ENTENDER MEJOR?

Después de perder a alguien, seguramente tendrás muchas preguntas. Algunas serán fáciles de responder. ¿Qué pasó? ¿Cómo pasó? Pídele a alguien de tu familia, quizás uno de tus padres, que te lo explique. Probablemente esa persona estaba muy enferma o muy mayor. O, tal vez, falleció inesperadamente en un accidente automovilístico.

Es probable que tengas preguntas más difíciles de explicar. ¿Por qué sucedió? ¿Qué les pasa a las personas después que mueren? Un adulto podría conversar contigo sobre este tema y explicarte lo que ellos piensan.

Es difícil entender la muerte, especialmente cuando ésta ocurre de repente o cuando alguien muere muy joven. Tus padres también podrían sentirse confundidos. Encontrar algunas respuestas te ayudará a sentirte mejor.

Conocer las causas de la muerte de un ser querido puede que te resulte difícil. Puedes esperar hasta que estés listo.

SENTIMIENTOS

Después de que alguien muere, es normal sentirte triste, solo, enojado o con miedo. Probablemente te sentirás triste porque extrañas a esa persona querida. Tal vez te sientas solo porque esa persona ya no está a tu lado. Lo mismo les sucede a las personas adultas.

EXPLÍCAME MÁS

Al principio, es posible que no sientas nada porque estás en un estado de shock. Esto también es normal.

El primer paso para sentirte mejor es aceptar tus sentimientos. Permítete estar triste o enojado. Si tienes ganas de llorar, hazlo. Expresar tus emociones te ayudará a sanar.

Después de un tiempo esos sentimientos desaparecen poco a poco.

11

¿POR QUÉ ESTOY ENOJADO?

A veces las personas se enojan después de sufrir una pérdida. Si alguien que amas muere en un accidente, tal vez te enojes con la persona que lo causó. Si alguien muere por una enfermedad, quizá te enojes con los médicos por no salvarle la vida.

Es probable que te enojes con la persona que murió por dejarte solo. También es normal que te enojes contigo mismo. A lo mejor piensas que podrías haber hecho algo para salvar a esa persona. Pero buscar a alguien a quien culpar, lo único que causa es más dolor.

EXPLÍCAME MÁS

Enojarse es normal. Probablemente sientas que lo que te pasa a ti y a tu familia es injusto. Compartir tus sentimientos con un adulto te ayudará.

Si estás enojado contigo mismo, recuerda que tú no tienes la culpa y que no puedes cambiar lo que ya pasó.

SENTIR MIEDO

Es normal sentir miedo después de que alguien muere. Perder a un ser querido significa un gran cambio en tu vida, lo cual puede ocasionarte angustia. Quizás tengas miedo de perder a otros seres queridos y busques la compañía de tus padres todo el tiempo.

EXPLÍCAME MÁS

Si ves llorar a tus padres, tal vez pienses que ellos no pueden ocuparse de ti. Pero sólo están pasando por un momento difícil y doloroso y pronto se sentirán mejor.

Es probable que tengas miedo de que algo malo te pueda suceder y ya no te sientas tan seguro. Por ejemplo, si un amigo tuyo muere de cáncer, a lo mejor piensas que te puede ocurrir lo mismo a ti.

Si sientes miedo, es importante que se lo cuentes a una persona adulta. Ella puede explicarte que no tienes porqué preocuparte. Si hablas con tu mamá, ella te puede explicar que el cáncer no se transmite de una persona a otra.

HABLAR DEL DOLOR

Lo mejor que puedes hacer cuando sientes un dolor es contarle a alguien lo que te pasa. Tus padres pueden responder a tus preguntas, o contarte qué hacen ellos para sentirse mejor. También puedes hablar con un amigo, hermano o hermana. Ellos te escucharán y quizá te **aconsejen**. Es probable que también se sientan como tú. Así estarán todos más unidos.

También puedes anotar tus sentimientos en un diario. Escribe acerca de lo que sucedió, de lo que esa persona significaba para ti, y de cómo te sientes.

Ayudar a otros también puede ayudarte a ti. Pregúntales a tus familiares y amigos cómo se sienten después de perder a un ser querido. Hablando entre todos pueden ayudarse mutuamente.

EXPLÍCAME MÁS

Hay muchas formas de expresar tus sentimientos, incluso puedes hacerlo por medio de dibujos en tu diario.

MANTENER EL RECUERDO VIVO

Cuando pierdes a alguien, puede que te sientas mejor si piensas en los gratos recuerdos que tuviste con esa persona. Piensa qué la hacía especial. ¿Disfrutaba cocinando y lo hacía bien? ¿Le gustaba cantar en el auto? Cuando te sientas triste, piensa en eso.

Siempre echarás de menos a esa persona, y es cierto que ya no estará a tu lado igual que antes, pero te ayudará mirar las fotografías y recordar todo lo bueno que hacía y decía.

> Superar tu dolor no quiere decir olvidar a la persona amada. Puedes mantener vivo su recuerdo, aun cuando ya empieces a sentirte mejor.

19

ENFRENTAR EL CAMBIO

Después que alguien muere, puede ser difícil continuar tu vida diaria de la misma forma que antes. Tal vez se te dificulte prestar atención en clase. Quizás ya no te divierten tus pasatiempos favoritos, o a lo mejor te sientes **culpable** si disfrutas de algo y ellos ya no están.

Es importante que sigas adelante con tu **rutina**. Ir a la escuela, practicar un deporte o pasatiempo y jugar con amigos te ayudará a ver que algunas cosas no han cambiado. Después de perder a un ser querido, la rutina te servirá para **adaptarte** a la nueva vida.

> Ciertas cosas serán diferentes. Las comidas en familia durante las fiestas seguramente no serán iguales. Pero es importante crear nuevos recuerdos con familiares y amigos.

Si te resulta muy difícil prestar atención en clase o hacer tus actividades diarias, cuéntaselo a uno de tus padres o a la maestra para que te ayuden.

21

CON EL TIEMPO TODO PASA

¿Cuánto tiempo lleva recuperarse de una pérdida? Algunas personas empiezan a sentirse mejor dentro de unas semanas. Pero podría tomar meses o años recuperarse de la muerte de un ser querido. A veces los sentimientos vienen en oleadas. Por momentos uno se siente bien, pero luego se pone triste otra vez.

Tienes que tener **paciencia**. Al igual que cuando te fracturas un hueso, el proceso de recuperación toma su tiempo. Vive un día a la vez y ten la seguridad de que según vaya pasando el tiempo te sentirás cada día mejor.

GLOSARIO

adaptarte: Cambiar, ajustarte a cosas o situaciones nuevas.

aconsejar: Dar una opinión para que alguien resuelva un problema.

confundido: Que uno no puede entender algo.

culpable: Sentir que uno hizo algo incorrecto.

emociones: Sentimientos fuertes.

funeral: Ceremonia y entierro de un muerto.

paciencia: Tranquilidad para esperar.

reaccionar: Responder a una cosa o estímulo.

reto: Algo difícil de resolver.

rutina: Costumbre de hacer ciertas cosas.

ÍNDICE

SITIOS DE INTERNET

Debido a que los enlaces de Internet cambian a menudo, PowerKids Press ha creado una lista de los sitios Internet que tratan sobre el tema de este libro. Este sitio se actualiza con regularidad. Por favor, usa este enlace para ver la lista: www.powerkidslinks.com/ltai/loss